My First English/Swedish
Dictionary
of Sentences

Armelle Modéré

Adapted and translated by Linda Hokenson

Contents

THE HOUSE - 4

THE FAMILY - 6

IN THE MORNING - - - - - - - - - - - - - - - - - - - 8

PERSONAL HYGIENE - - - - - - - - - - - - - - - 10

CLOTHES - 12

BREAKFAST - 14

BEDTIME - 16

TO BAKE - 18

TO SET THE TABLE - - - - - - - - - - - - - - - - - 20

TO CLEAN THE HOUSE - - - - - - - - - - - - - - 22

TO DRAW AND PAINT - - - - - - - - - - - - - - - 24

JOBS - 26

THE SCHOOL - 28

A BIRTHDAY PARTY - - - - - - - - - - - - - - - - - 30

A NEWBORN BABY - - - - - - - - - - - - - - - - - 32

GAMES - 34

TOYS - 36

THE BODY - 38

THE SENSES - 40

FEELINGS - 42

SPORTS - 44

TO DANCE AND SING. - - - - - - - - - - - - - - - 46

MUSICAL INSTRUMENTS - - - - - - - - - - - - - 48

FRUITS - 50

VEGETABLES - 52

TREATS - 54

FLOWERS - 56

THE SKY - 58

SEASONS - 60

A PICNIC - 62

THE BEACH - 64

PETS AND MASCOTS - - - - - - - - - - - - - - 66

FARM ANIMALS - - - - - - - - - - - - - - - - - 68

FISH - 70

INSECTS - 72

BIRDS - 74

ANIMALS OF THE FOREST - - - - - - - - - - - 76

AT THE ZOO - 78

THE AMUSEMENT PARK - - - - - - - - - - - - 80

THE CIRCUS - 82

FANCY AND FUNNY CLOTHES - - - - - - - - 84

COSTUMES - 86

CHRISTMAS - 88

STORY CHARACTERS - - - - - - - - - - - - - - 90

TRANSPORTATION - - - - - - - - - - - - - - - - 92

AT THE HAIRDRESSER - - - - - - - - - - - - - 94

AT THE DOCTOR - - - - - - - - - - - - - - - - - 96

AT THE PARK - - - - - - - - - - - - - - - - - - - 98

AT THE GROCERY STORE - - - - - - - - - - - 100

AT THE AIRPORT - - - - - - - - - - - - - - - - - 102

TO BE POLITE - - - - - - - - - - - - - - - - - - - 104

A LIST OF WORDS - - - - - - - - - - - - - - - - 106

ALPHABETICAL DICTIONARY - - - - - - - - - 126

Sara walks **home** from school every day.
Sara går **hem** från skolan varje dag.

The House
Huset

Dad is sitting on the sofa in the **living room**.
Pappa sitter på soffan i **vardagsrummet**.

Sara likes to water the **garden**.
Sara tycker om att vattna **trädgårdslandet**.

Sara is laying on the **bed**.
Sara ligger på **sängen**.

Dad is going to put the car in the **garage**.
Pappa ska köra in bilen i **garaget**.

She often sits at her **desk** and draws.
Hon sitter ofta vid sitt **skrivbord** och ritar.

The Family
Familjen

Good morning! My name is Lasse and this is my **little sister**, Emma.
God morgon! Jag heter Lasse och det här är min **lillasyster**, Emma.

These are my **parents**, Anna and Björn.
Det här är mina **föräldrar**, Anna och Björn.

We have two **pets**, Maja and Tusse.
Vi har två **husdjur**, Maja och Tusse.

Lasse loves playing with his **cousins**.
Lasse tycker om att leka med sina **kusiner**.

Lasse's **aunt** has just had a baby.
Lasses **moster** har just fött en bebis.

Grandpa and **Grandma** have come to see us today.
Mormor och **Morfar** har kommit på besök idag.

The **alarm clock** is ringing. Time to get up!
Väckarklockan ringer. Det är dags att stiga upp!

In the morning
På morgonen

Mom gives Erik a big **hug**. Did you sleep well?
Mamma ger Erik en stor **kram**. Har du sovit gott?

Dad is already up. He is having **breakfast**.
Pappa är redan uppe. Han äter **frukost**.

When Erik is done with his breakfast, he **gets dressed**.
När Erik har ätit upp sin frukost, **klär** han **på sig**.

Then he **washes** his face and **brushes** his teeth.
Sedan **tvättar** han sitt ansikte och **borstar** sina tänder.

There! Everybody is **ready**.
Så! Alla är **färdiga**.

Personal hygiene
Personlig hygien

Oliver takes a **bath** every night.
Oliver **badar** varje kväll.

A **bathtowel**
En **badhandduk**

He **combs** his hair.
Han **kammar** sitt hår.

Mom **dries** his **hair**.
Mamma **torkar** hans **hår**.

Then she cleans his ears and trims his **nails**.
Sedan tvättar hon hans öron och klipper hans **naglar**.

And finally some **cologne**.
Och till slut lite **parfym**.

Clothes

Kläder

Olle buttons his **shirt**.
Olle knäpper sin **skjorta**.

When it is raining he wears his
rainboots and his **raincoat**.
När det regnar har han på sig sina
regnstövlar
och sin **regnjacka**.

A **sweatshirt**
En **collegetröja**

He must **put on** his shoes before going out.
Han måste **ta på** sig skorna innan han går ut.

The **shoes**
Skorna

It has snowed.
Olle must wear
gloves
and a **hat**.
Det har snöat.
Olle måste ta på
sig **vantar**
och en **mössa**.

Filip just got up. He is **hungry**.
Filip har precis stigit upp. Han är **hungrig**.

Breakfast
Frukost

Mom gives him some **orange juice**.
Mamma ger honom lite **apelsinjuice**.

Bread and **butter**
Bröd och **smör**

Then he eats
some **cereal**.
Sedan äter han
lite **flingor**.

A bottle of **milk**
En flaska med **mjölk**

He finishes breakfast
with some **fruit**.
Han avslutar frukosten
med lite **frukt**.

Bedtime

Läggdags

Alexander is **tired**. It's time to go to bed.

Alexander är **trött**. Det är dags att gå och lägga sig.

Alexander drinks some **water**.

Alexander dricker lite **vatten**.

Dad always reads him a **story**.
Pappa läser alltid en **saga** för honom.

Mom gives Alexander
a **kiss**.
Mamma ger Alexander
en **puss**.

Good night!
Godnatt!

Aunt Ingrid and Linda want to bake a cake. First they have to find a **recipe**.

Mostor Ingrid och Linda vill baka en kaka. Först måste de hitta ett **recept**.

To bake
Att Baka

A **cookbook**
En **kokbok**

Linda checks that they have all the **ingredients**.

Linda ser efter så att de har alla **ingredienser**.

When the **batter** is ready, they pour it into a cake pan.
När **smeten** är färdig, häller de den i en kakform.

Then they have to check the cake in the **oven**.
Sedan måste de titta till kakan i **ugnen**.

It looks like a big **muffin**.
Det ser ut som en stor **muffins**.

To set the table
Att duka bordet

First we put on the **tablecloth**.
Först lägger vi på **duken**.

Then we set out the **plates**.
Sedan ställer vi ut **tallrikarna**.

The **silverware** is in place.
Besticken är på plats.

Mom checks that the **glasses** are clean.
Mamma ser till att **glasen** är rena.

Silverware: **fork**, **knife**, and **spoon**
Bestick: **gaffel**, **kniv**, och **sked**

All the **guests** have arrived.
Alla **gästerna** har kommit.

Julia likes helping her mom
to **vacuum**.
Julia tycker om att hjälpa sin
mamma att **dammsuga**.

To clean the house
Att städa huset

A **broom**
En **sopborste**

They have to clean
all the **mirrors** and
windows.
De måste putsa alla
speglar och
fönster.

They **dust** the furniture.
De **dammar** möblerna.

Mom **washes** the floor.
Mamma **tvättar** golvet.

Then they **air out** the house.
Sedan **vädrar** de **ut** huset.

Noah loves
drawing.
Noah tycker om
att **rita**.

To draw and paint...

Att rita och måla...

He paints with
a **paintbrush**.
Han målar med
en **pensel**.

A box of
colored pencils.
En låda med
färgpennor.

Noah **cuts** out the pictures.
Noah **klipper** ut bilderna.

Now he **glues**
the pictures together.
Nu **limmar** han
ihop bilderna.

Noah's
masterpiece
is finished.
Noahs
mästerverk
är färdigt.

Jobs | Arbeten

Mia's
mother is a
hairdresser.
Mias mamma är
hårfrisörska.

Her dad is a **letter carrier**.
Hennes pappa är
brevbärare.

Mia loves to visit her uncle
at the **pet shop**.
Mia tycker om att hälsa på sin
farbror i **djuraffären**.

Aunt Ulla works in a **bank**.
Faster Ulla jobbar i en **bank**.

Mia's big sister would like to be a **flight attendant**.
Mias storasyster skulle vilja bli **flygvärdinna**.

But Mia wants to be a **veterinarian**.
Men Mia vill bli **veterinär**.

Jacob gets his **bag** ready every morning.
Jacob packar sin **väska** varje morgon.

The School
Skolan

He **waits** for his friends outside the school.
Han **väntar** på sina vänner utanför skolan.

The hardest **subject** is **math**.
Det svåraste **ämnet** är **matematik**.

His **teacher**'s
name is Britta.
Hans **lärare**
heter Britta.

Jacob likes to write on the
blackboard.
Jacob tycker om att skriva
på **svarta tavlan**.

During **recess** he plays
soccer with his friends.
På **rasten** spelar han
fotboll med sina vänner.

A birthday party
Ett födelsedagskalas

Today Madelene is five **years** old. She has invited her **friends** to a party.

Idag är Madelene fem **år** gammal. Hon har bjudit in sina **vänner** på kalas.

She has planned some **games**.

Hon har förberett några **lekar**.

Now it's time to have **birthday cake**.
Nu är det dags att äta **födelsedagstårta**.

A **cake**
En **tårta**

Madelene blows out the **candles**.
Madelene blåser ut **ljusen**.

Then she opens her **presents**.
Sedan öppnar hon sina **presenter**.

A newborn baby

En nyfödd bebis

"Look, this is your **cradle**!"
"Titta, det här är din **vagga**!"

Lisa shares her **toys** with the baby.
Lisa delar med sig av sina **leksaker** till bebisen.

A **blanket**
En **filt**

Dad gives him a **bottle**.
Pappa ger honom **nappflaskan**.

Time for a **bath**.
Dags att **bada**.

Mom and dad took
the baby to the
hospital for
a checkup.
Mamma och pappa
tog bebisen till
sjukhuset för
en kontroll.

Games
Lekar

Per likes to play **cards**
with his grandpa and his brother.
Per tycker om att spela **kort** med
sin farfar och sin bror.

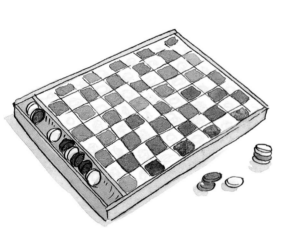

A **checkerboard**
Ett **schackbräde**

Per plays his new
video game.
Per spelar sitt nya
videospel.

Per plays **marbles**
in the school playground.
Per spelar **kula** på skolgården.

"Arghhhh! I am a **wolf**
and I will eat you up!"
"Rrrr! Jag är en **varg**
och jag ska äta upp dig!"

The girls jump
rope.
Flickorna
hoppar **rep**.

Markus and his dad look at **cars** in the toy store.
Markus och hans pappa tittar på **bilar** i leksaksaffären.

Toys
Leksaker

This car is very **fast**.
Den här bilen är mycket **snabb**.

Markus likes playing with his **fire truck**.
Markus tycker om att leka med sin **brandbil**.

His little sister
Susanne plays
store with
her friends.
Hans lillasyster
Susanne leker
affär med sina
vänner.

Susanne plays with her
stuffed animals.
Susanne leker med
sina **gosedjur**.

"Watch out! Here comes my
remote control car."
"Se upp! Här kommer min
radiostyrda bil."

The body
Kroppen

Body parts
Kroppsdelar

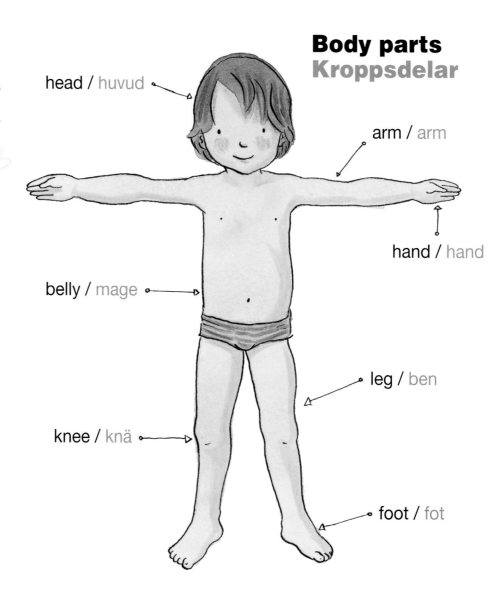

head / huvud

arm / arm

hand / hand

belly / mage

leg / ben

knee / knä

foot / fot

little finger / lillfinger

ring finger / ringfinger

middle finger / långfinger

index finger / pekfinger

thumb / tumme

A **hand**
En **hand**

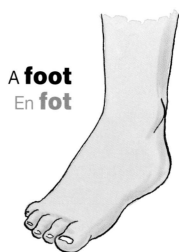

A **foot**
En **fot**

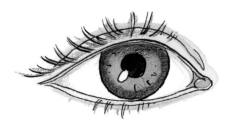

An **eye**
Ett **öga**

Kalle **has grown** a lot, but he is still smaller than his cousin.
Kalle **har växt** mycket, men han är fortfarande kortare än sin kusin.

The doctor checks Peter's **reflexes**.
Doktorn kollar Peters **reflexer**.

The **five** senses
Den **fem** sinnena

sight / syn

hearing / hörsel

smell / lukt

taste / smak

touch / känsel

The Senses
Sinnena

Jonas needs to **see** well to read the letters on the board.
Jonas måste **se** bra för att kunna läsa bokstäverna på tavlan.

He sometimes **tastes** new foods.
Ibland **smakar** han på nya maträtter.

To recognize his friend, Jonas has to **touch** his face.

För att kunna känna igen sin vän, måste Jonas **känna på** hans ansikte.

This perfume **smells** good!

Den här parfymen **luktar** gott!

The teacher is going to play the tambourine. The class **listens**.

Läraren ska spela tamburin. Klassen **lyssnar**.

Kristofer is very **mad**.
Somebody broke his car.
Kristofer är mycket **arg**.
Någon har haft sönder
hans bil.

Feelings

Känslor

He is **in love**.
Han är **kär**.

Mom spends a lot of time with the baby.
Kristofer is a little **jealous**.
Mamma spenderar mycket tid med
bebisen. Kristofer är lite **avundsjuk**.

He is very **happy**.
His team has won!
Han är mycket **glad**.
Hans lag vann!

Kristofer is **sad**. His balloon
has gone up in the air.
Kristofer är **ledsen**. Hans
balong flög upp i luften.

Kristofer is **disappointed**.
His friend doesn't share his chocolate bar.
Kristofer är **besviken**. Hans vän
delar inte med sig av sin chokladbit.

Sports

Sporter

Karin plays **volleyball** at school.
Karin spelar **volleyboll** i skolan.

She also plays **tennis**.
Hon spelar **tennis** också.

Her brother plays **soccer**.
Hennes bror spelar **fotboll**.

When she was on vacation, she went **ice-skating** with her big sister.
När hon var på semester, åkte hon **skridskor** med sin storasyster.

Max likes **baseball** best.
Max tycker bäst om **baseboll**.

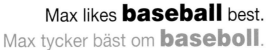

Their father teaches them how to play **golf** on weekends.
På helgen lär deras pappa dem att spela **golf**.

To dance and sing...
Att dansa och sjunga...

Olivia has to practice her new **dance moves** every day.
Olivia måste öva sina nya **danssteg** varje dag.

Olivia dances **ballet** every Wednesday.
Olivia dansar **balett** varje onsdag.

At the end of the year there will be a **dance recital**.
Vid slutet av året ska de ha en **dansuppvisning**.

At her aunt's wedding, she danced the **waltz**.
Hon dansade **vals** på sin mosters bröllop.

Olivia likes to sing in the **microphone**.
Olivia tycker om att sjunga i **mikrofonen**.

For her birthday, her parents gave her a ticket to a **concert**.
På sin födelsedag fick hon en **konsertbiljett** av sina föräldrar.

Musical instruments

Musikinstrument

Daniel plays the **flute**.
Daniel spelar **flöjt**.

A **guitar**
En **gitarr**

His sister is playing the **piano**.
Hans syster spelar **piano**.

Their father is a great **sax** player.
Deras pappa är en duktig **saxofonist**.

An **accordion**
Ett **dragspel**

Sometimes they all
play together and
Mom **sings** along.
Ibland spelar de
alla tillsammans
och mamma
sjunger med.

A **strawberry**
En **jordgubbe**

Fruits / Frukt

Ellen and Stina pick **apples** in the fall.
På hösten plockar Ellen och Stina **äpplen**.

They help their grandma make **jam**.
De hjälper sin mormor att göra **sylt**.

Mom makes us juice from freshly pressed **oranges** in the morning.

På morgonen gör mamma juice av nypressade **apelsiner**.

Ellen loves warm **apple pie**.

Ellen tycker om varm **äppelpaj**.

Ellen and Stina harvest **grapes**.

Ellen och Stina plockar **vindruvor**.

Vegetables

Grönsaker

Frida often goes to the **market** with her mom.
Frida går ofta till **marknaden** med sin mamma.

A **basket**
of vegetables
En **korg**
med grönsaker

There are **pumpkins** growing in Grandpa's garden.
Det växer **pumpor** i farfars trädgårdsland.

Frida picks some
tomatoes.
Frida plockar
några
tomater.

Mom puts **leeks**, **carrots** and
potatoes in the soup.
Mamma lägger **purjolök**,
morötter och **potatis**
i soppan.

Vegetables are
good for your **health**.
Grönsaker är bra för din
hälsa.

Treats...
Godsaker...

Elin buys **cotton candy** at the fair.
Elin köper **sockervadd** på marknaden.

Candy
Godis

Elin and her friends have **popcorn** and **lollipops** at the movies.
På bion äter Elin och hennes vänner **popcorn** och **klubbor**.

Elin licks a **popsicle** at the beach.

På stranden slickar Elin på en **isglass**.

An **ice-cream cone**
En **glasstrut**

"That **dessert** looks good!"
"Den **efterrätten** ser god ut!"

Sofia loves
wildflowers.
Sofia tycker om
vilda blommor.

Flowers
Blommor

She gives her grandparents a
bouquet of flowers.
Hon ger en **blombukett**
till sina morföräldrar.

A **sunflower**
En **solros**

Sofia visited a **tulip garden** in Holland.
I Holland
besökte Sofia en
tulipanträdgård.

You have to put flowers in a **vase** with water.
Man måste sätta blommor i en **vas** med vatten.

An **iris**
En **iris**

"Now the **sun** is behind me. Look at my shadow!"

"Nu är **solen** bakom mig. Titta på min skugga!"

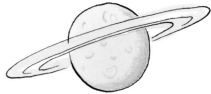

This planet is **Saturn**.
Den här planeten heter **Saturnus**.

The sky
Himlen

Ida and Nils love to watch the **stars**.
Ida och Nils tycker om att titta på **stjärnorna**.

At night you can see the **moon**.
På natten kan man se **månen**.

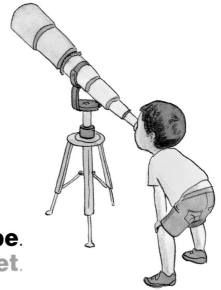

Nils watches through the **telescope**.
Nils tittar i **teleskopet**.

They often go with
Grandpa to admire
the **sunset**.
De går ofta med morfar
för att beundra
solnedgången.

Seasons | Årstider

Jenny picks flowers for her mom when it's **spring**.
Jenny plockar blommor till sin mamma på **våren**.

"Quick, the **storm** is here. We should look for shelter."
"Fort, **ovädret** är här. Vi måste söka skydd."

Jenny goes to the beach in the **summer**.
Jenny går till stranden på **sommaren**.

This bunny will soon go back to its den to **hibernate**.
Den här kaninen ska snart tillbaka till sin håla för att **övervintra**.

It's **fall**. Jenny gathers leaves and acorns for her teacher.
Det är **höst**. Jenny samlar löv och nötter till sin lärare.

It's **winter**. Teddy is making a snowman.
Det är **vinter**. Teddy bygger en snögubbe.

First they have to lay down the **blanket**.

Först måste de lägga ut **filten**.

A picnic

En picknick

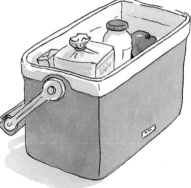

A **cooler**
En **kylväska**

Isak helps Grandma take out the **food**.

Isak hjälper farmor att ta fram **maten**.

Grandpa helps Isak prepare his **fishing rod**.
Farfar hjälper Isak att förbereda hans **metspö**.

Isak and Emil play **badminton**.
Isak och Emil spelar **badminton**.

Now it is time to **eat**.
Nu är det dags att **äta**.

The beach
Stranden

Gustav is on vacation
by the **sea**.
Gustav är på semester
vid **havet**.

Mom does not forget to apply
sunblock.
Mamma glömmer inte att
ta på **solkräm**.

The **water** is great!
Vattnet är härligt!

He goes **diving** with his dad.
Han **dyker** med sin pappa.

Later on he plays **paddleball**.
Senare spelar han **strandtennis**.

Gustav and his little sister look for **shells**.
Gustav och hans lillasyster letar efter **snäckor**.

Pets and mascots
Husdjur och maskottar

Lukas was never far away from his **stuffed animal** when he was little.

När Lukas var liten var han aldrig långt ifrån sitt **gosedjur**.

Now he always carries around a special **keyring**.

Nu bär han alltid med sig en speciell **nyckelring**.

The basketball game is over. Lukas hugs the team's **mascot**.

Basketbollmatchen är slut. Lukas kramar lagets **maskott**.

A **turtle**
En **sköldpadda**

Lukas has a small **hamster**. His name is Ludde.

Lukas har en liten **hamster**. Han heter Ludde.

Farm animals

Djuren på gården

A **duck** and a
duckling
En **anka** och
en **ankunge**

Elsa has collected eggs from
the **henhouse**.
Elsa har samlat ägg från
hönsgården.

Her mom feeds the **cows**.
Hennes mamma matar **korna**.

Elsa likes to take care of the **pigs**.
Elsa tycker om att ta hand om **grisarna**.

The big **rabbit** eats a carrot.
Den stora **kaninen** äter en morot.

The little **lambs** are so cute.
De små **lammen** är så söta.

Fish | Fiskar

Hugo and his dad have a nice **fish tank** at home.

Hugo och hans pappa har ett fint **akvarium** hemma.

Hugo also has a
goldfish.

Hugo har också en
guldfisk.

Today they are going to buy a new **fish**.

Idag ska de köpa en ny **fisk**.

"Look! A big **shark**."
"Titta! En stor **haj**."

A **tropical fish**
En **tropisk fisk**

Hugo caught a **pike** today,
but they will throw it back
into the water.
Hugo fångade en **gädda**
idag, men de ska kasta tillbaka
den i vattnet.

Insects
Insekter

Oskar's grandfather **collects** insects.
Oskars morfar **samlar på** insekter.

A **grasshopper**
En **gräshoppa**

They found an **anthill** in the woods.
De hittade en **myrstack** i skogen.

They look for **dragonflies** around the pond.

Det letar efter **trollsländor** runt dammen.

Oskar takes good care of his **insects**.

Oskar tar väl hand om sina **insekter**.

A beautiful **butterfly**

En vacker **fjäril**

Birds
Fåglar

Emmie imitates the **seagulls**.
Emmie härmar **måsarna**.

A **bird nest**
Ett **fågelbo**

Grandpa fills the **bird feeder**
with small seeds.
Farfar fyller **fågelholken**
med små frön.

Grandpa's **parrot** can
say: "Hello Emmie!"
Farfars **papegoja** kan
säga: "Hej Emmie!"

Dad takes a picture
of the **pelicans**.
Pappa tar ett kort på
pelikanerna.

The **geese** are going
home at night.
Gässen går hem
på kvällen.

Animals of the forest
Djuren i skogen

As we walked through the woods, we saw a **deer**.
När vi gick genom skogen såg vi ett **rådjur**.

The **squirrel** climbs up the tree.
Ekorren klättrar upp för trädet.

Two Badgers
Två **grävlingar**

The **owl** is sitting in the tree.
Ugglan sitter i trädet.

A **fox** is hidden inside the tree trunk.
En **räv** har gömt sig i trädstammen.

At the zoo
I djurparken

First they have to
read the **map**.
Först måste de
läsa **kartan**.

They liked the
seal show a lot.
De tyckte mycket om
säluppvisningen.

Adam and Per get to pet the
little **goats**.
Adam och Per får klappa de
små **getterna**.

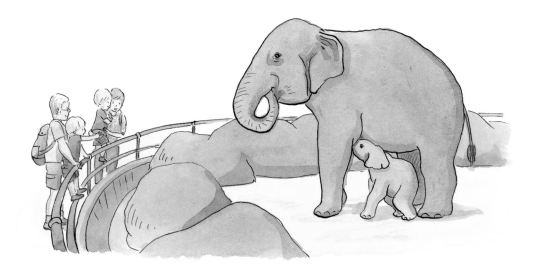

Adam likes the **elephants** the best.
Adam tycker bäst om **elefanterna**.

A **gorilla**
En **gorilla**

"This is how the **lion** roars,"
says Per.
"Så här ryter **lejonet**,"
säger Per.

Kristine got a **balloon** from a bear.

Kristine fick en **balong** av en björn.

The amusement park

Tivoli

A **roller coaster**
En **berg-och-dalbana**

You can get wet when you ride the **flume**.

Man kan bli blöt när man åker **flumride**.

Kristine and Edward really like the
inflatable castle.
Kristine och Edward tycker verkligen
om **hopptornet**.

A **Ferris wheel**
Ett **pariserhjul**

This **carousel** is very fast.
Den här **karusellen** är
ganska snabb.

The circus
Cirkus

Ulrika pays for her own **ticket**.
Ulrika betalar sin egen **biljett**.

The **tiger** is jumping through a ring of fire.
Tigern hoppar genom en brinnande ring.

The **seal** balances the ball.
Sälen balanserar bollen.

A big **tent**
Ett stort **tält**

The **acrobat**
is very skilled.
Akrobaten är
mycket kunnig.

Ulrika likes
the **clowns**
the best.
Ulrika tycker
bäst om
clownerna.

Fancy and funny clothes
Tjusiga och roliga kläder

Birgit dreams of wearing her aunt's **wedding gown**.
Birgit drömmer om att bära sin mosters **bröllopsklänning**.

She likes to wear her beautiful **princess dress**.
Hon tycker om att ha på sig sin vackra **prinssessklänning**.

At school, Birgit wore a **crocodile costume**.
En gång i skolan hade Birgit på sig en **krokodildräkt**.

Birgit's cousin likes to **dress up** as a clown.

Birgits kusin tycker om att **klä ut** sig till clown.

Dad bought a funny **hat** in Mexico.

Pappa köpte en rolig **hatt** i Mexiko.

Mom took the girls to a **fashion show**.

Mamma tog med flickorna till en **modeuppvisning**.

Costumes
Utklädningskläder

A **skeleton** scared us during the ghost ride.
Ett **skelett** skrämde oss när vi åkte spöktåget.

Hanna was very impressed with the **witch**.
Hanna var mycket imponerad av **häxan**.

Hanna plays **ghosts** with her cousins.
Hanna leker **spöke** med sina kusiner.

Hanna is dressed up as a **fairy**.
Hanna har klätt ut sig till en **fe**.

Johan looks scary in his new **mask**.
Johan ser otäck ut i sin nya **mask**.

Christmas
Jul

Today is
Christmas Eve.
Idag är det **julafton**.

Santa Claus
Jultomten

Grandparents arrive for
Christmas dinner.
Morföräldrarna kommer
på **julmiddag**.

Before going to bed, the children hang their **stockings** from the fireplace.
Innan de går och lägger sig, hänger barnen sina **strumpor** på öppna spisen.

The **Christmas presents**
Julklapparna

It's time to **open** the presents.
Det är dags att **öppna** klapparna.

Story characters

Sagofigurer

Peter Pan is Harry's hero.
Peter Pan är Harrys hjälte.

On the merry-go-round, Alice always sits on the **Ugly Duckling**.
På karusellen sitter alltid Alice på den **fula ankungen**.

Snow White
Snövit

Alice likes to play **Cinderella** with her friends.

Alice tycker om att leka **Askungen** med sina vänner.

Alice loves when Grandpa reads **Little Red Riding Hood** to her.

Alice tycker om när farfar läser **Rödluvan** för henne.

Harry went to the movies to see **Goldilocks and the Three Bears**.

Harry gick på bio för att se **Guldlock och de tre björnarna**.

Martin takes the **bus** to school every morning.
Martín åker **buss** till skolan varje morgon.

An airplane
Ett **flygplan**

Transportation
Transport

Martin rides in the **car** to go visit his uncle.
Martin åker **bil** när han ska besöka sin farbror.

They are taking
the **train** today.
De ska åka
tåg idag.

Martin watches the **ships** go by.
Martin tittar på **skeppen** som åker förbi.

Martin likes to ride
his new **bike**.
Martin tycker om att
cykla på sin nya **cykel**.

At the hairdresser

Hos frisören

Today Lisbet is going to get a **haircut**.

Idag ska Lisbet gå och **klippa sig**.

First they have to **wash** her hair.

Först måste de **tvätta** hennes hår.

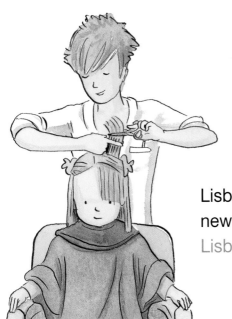

A **comb** and **scissors**
En **kam** och en **sax**

Lisbet wants a
new **hairstyle**.
Lisbet vill ha en ny **frisyr**.

Now they have to **dry** her hair.
Nu måste de **torka** hennes hår.

Lisbet looks in the **mirror**.
Lisbet tittar i **spegeln**.

At the doctor
Hos doktorn

Mom has to take William to the **doctor**.
He is **sick**.

Mamma måste ta William till **doktorn**.
Han är **sjuk**.

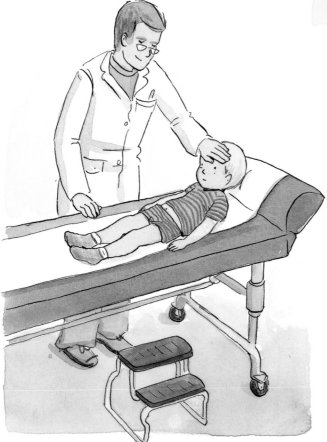

The doctor **examines** William.
Doktorn **undersöker** William.

A **stethoscope**
Ett **stetoskop**

The doctor **measures** William.
Doktorn **mäter** William.

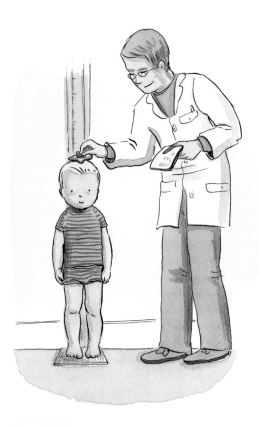

The doctor listens to his **heartbeat**.
Doktorn lyssnar på hans **hjärtslag**.

William has the **flu**.
William har **influensa**.

Frank likes to **walk** to the park.
Frank tycker om att **promenera** till parken.

At the park
I parken

He likes **rocking** in the car.
Han tycker om att **gunga** i bilen.

He **meets** his friends there.
Han **träffar** sina vänner där.

He makes **sandcastles**
for his little sister.
Han bygger **sandslott**
till sin lillasyster.

What I like the best
is to **swing**.
Vad jag tycker bäst om
är att **gunga**.

The **slide**
is fun too.
Ruschkanan
är också rolig.

At the grocery store
I mataffären

Tim likes to
go **shopping**
Tim tycker om att
gå och **handla**.

He **chooses** breakfast cereal.
Han **väljer ut** frukostflingor.

He likes to look at
the **magazines**.
Han tycker om att titta
i tidningar.

He always looks at the crabs at the **fish counter**.
Han tittar alltid på krabborna i **fiskdisken**.

Salt, pepper… Dad checks his **list** so he won't forget anything!
Salt, pepper… Pappa kollar sin **lista** så att han inte glömmer något.

Now we have to go to the **checkout counter**.
Nu måste vi gå till **kassan**.

Stefan is **flying** to Sweden today.
Stefan ska **flyga** till Sverige idag.

At the Airport
På flygplatsen

The airplanes on the **runway** are getting ready to take off.
Flygplanen på **startbanan** gör sig redo att lyfta.

"Where do we **check in**?"
"Var **checkar** vi **in**?"

We have to check our **luggage**.
Vi måste lämna in vårt **baggage**.

In the plane you must
fasten your **seat belt**.
I flygplanet måste man
spänna fast sitt
säkerhetsbälte.

There! The plane is
taking off.
Nu så! Planet **lyfter**.

To be polite | Att vara artig

"**Hi**, would you like
to play with me?"
"**Hej**, vill du leka
med mig?"

"**My name is** Peter. What's your name?"
"**Jag heter** Peter. Vad heter du?"

"What a nice helmet.
Can I try it, **please**?"
"Vilken fin hjälm.
Snälla, får jag prova den?"

"This is my **friend** Tina."
"Det här är min **vän** Tina."

"**Thank you**
for letting me
play today."
"**Tack** för att jag
fick vara med och
leka idag."

A list of words

En ordlista

The House / Huset .. p.4

Home: hem

Living room: vardagsrum

Garden: trädgårslandet

Bed: säng

Garage: garage

Desk: skrivbord

The Family / Familjen p.6

Little sister: lillasyster

Parents: föräldrar

Pet: husdjur

Cousin: kusin

Aunt: moster/faster

Grandma: mormor/farmor

Grandpa: morfar/farfar

In the morning / På morgonen p.8

Alarm clock: väckarklocka

Hug: kram

Breakfast: frukost

Get dressed: klä på sig

Wash: tvätta

Brush: borsta

Ready: färdiga

Personal hygiene / Personlig hygien p.10

Bath: bad

Towel: handduk

Comb: kamma

Dry: torka

Hair: hår

Nail: nagel

Cologne: parfym

Clothes / Kläder p.12

Shirt: skjorta

Sweatshirt: collegetröja

Rainboots: regnstövlar

Raincoat: regnjacka

Put on: ta på

Shoe: sko

Glove: vante

Hat: mössa

Breakfast / Frukost p.14

Hungry: hungrig
Bread: bröd
Butter: smör
Juice: juice
Cereal: flingor
Milk: mjölk
Fruit: frukt

Bedtime / Läggdags p.16

Tired: trött
Water: vatten
Story: saga
Kiss: puss
Good night: godnatt

To bake / Att baka p.18

Recipe: recept
Cookbook: kokbok
Ingredient: ingrediens
Batter: smet
Oven: ugn
Muffin: muffins

To set the table / Att duka bordet p.20

Tablecloth: duk

Plate: tallrik

Silverware: bestick

Glass: glas

Fork: gaffel

Knife: kniv

Spoon: sked

Guest: gäst

To clean the house / Att städa huset p.22

Vacuum: dammsuga

Broom: sopborste

Mirror: spegel

Window: fönster

Dust: damma

Wash: tvätta

Air out: vädra ut

To draw and paint / Att rita och måla p.24

Draw: rita

Paintbrush: pensel

Colored pencil: färgpenna

Cut: klippa

Glue: limma

Masterpiece: mästerverk

Jobs / Arbeten p.26

Hairdresser: hårfrisörska/frisör

Letter carrier: brevbärare

Pet shop: djuraffär

Bank: bank

Flight attendant: flygvärdinna

Veterinarian: veterinär

The School / Skolan p.28

Bag: väska

Wait: vänta

Subject: ämne

Math: matematik

Teacher: lärare

Blackboard: svarta tavlan

Recess: rast

A birthday party / Ett födelsedagskalas p.30

Years: år

Friend: vän

Game: lek

Birthday: födelsedag

Cake: tårta

Candle: ljus

Present: present

A newborn baby / En nyfödd bebis p.32

Cradle: vagga

Toy: leksak

Blanket: filt

Bottle: nappflaska

Bath: bad

Hospital: sjukhus

Games / Lekar p.34

Card: kort

Checkerboard: schackbräde

Video game: videospel

Marble: kula

Wolf: varg

Rope: rep

Toys / Leksaker p.36

Car: bil

Fast: snabb

Fire truck: brandbil

Store: affär

Stuffed animal: gosedjur

Remote control car: radiostyrd bil

The body / Kroppen p.38

Body parts: kroppsdel
Hand: hand
Foot: fot
Eye: öga
Grow: växa
Reflex: reflex

The Senses / Sinnena . . p.40

Five: fem
See: se
Taste: smaka
Touch: känna
Smell: lukta
Listen: lyssna

Feelings / Känslor p.42

Mad: arg
In love: kär
Jealous: avundsjuk
Happy: glad
Sad: ledsen
Disappointed: besviken

Sports / Sporter p.44

Volleyball: volleyboll

Tennis: tennis

Soccer: fotboll

Ice-skate: skridsko

Baseball: baseboll

Golf: golf

To dance and sing / Att dansa och sjunga . . . p.46

Move: danssteg

Ballet: balett

Dance recital: dansuppvisning

Waltz: vals

Microphone: mikrofon

Concert: konsert

Musical instruments / Musikinstrument p.48

Flute: flöjt

Guitar: gitarr

Piano: piano

Sax: saxofon

Accordion: dragspel

Play: spela

Fruits / Frukt p.50

Strawberry: jordgubbe

Apple: äpple

Jam: sylt

Orange: apelsin

Pie: paj

Grape: vindruva

Vegetables / Grönsaker p.52

Market: marknad

Basket: korg

Pumpkin: pumpa

Tomatoe: tomat

Leek: purjolök

Carrot: morot

Potato: potatis

Health: hälsa

Treats... / Godsaker... . . . . p.54

Cotton candy: sockervadd

Candy: godis

Popcorn: popcorn

Lollipop: klubba

Popsicle: isglass

Ice-cream cone: glasstrut

Dessert: efterrätt

Flowers / Blommor p.56

Wildflower: vildblomma

Bouquet: bukett

Sunflower: solros

Tulip: tulpan

Vase: vas

Iris: iris

The sky / Himlen p.58

Sun: sol

Saturn: saturnus

Star: stjärna

Moon: måne

Telescope: teleskop

Sunset: solnedgång

Seasons / Årstider p.60

Spring: vår

Summer: sommar

Storm: oväder

Hibernate: övervintra

Fall: höst

Winter: vinter

A picnic / En picknick p.62

Blanket: filt

Cooler: kylväska

Food: mat

Fishing rod: metspö

Badminton: badminton

Eat: äta

The beach / Stranden . . . p.64

Sea: hav

Sunblock: solkräm

Water: vatten

Dive: dyka

Paddle ball: strandtennis

Shell: snäcka

Pets and mascots / Husdjur och maskottar . . p.66

Stuffed animal: gosedjur

Keyring: nyckelring

Mascot: maskott

Turtle: sköldpadda

Hamster: hamster

Farm animals / Djuren på gården p.68

Duck: anka

Duckling: ankunge

Hen: höna

Cow: ko

Pig: gris

Rabbit: kanin

Lamb: lamm

Fish / Fiskar p.70

Fish tank: akvarium

Goldfish: guldfisk

Fish: fisk

Shark: haj

Tropical fish: tropisk fisk

Pike: gädda

Insects / Insekter . . p.72

Collect: samla

Grasshopper: gräshoppa

Ant: myra

Dragonfly: trollslända

Insect: insekt

Butterfly: fjäril

Birds / Fåglar p.74

Seagull: mås
Bird nest: fågelbo
Bird feeder: fågelholk
Parrot: papegoja
Pelican: pelikan
Goose: gås

Animals of the forest / Djuren i skogen p.76

Deer: rådjur
Squirrel: ekorre
Badger: grävling
Owl: uggla
Fox: räv

At the zoo / I djurparken p.78

Map: karta
Seal: säl
Goat: get
Elephant: elefant
Gorilla: gorilla
Lion: lejon

The amusement park / Tivoli p.80

Balloon: balong

Roller coaster: berg-och-dalbana

Flume: flumride

Inflatable castle: hopptorn

Ferris wheel: pariserhjulet

Carousel: karusell

The circus / Cirkus p.82

Ticket: biljett

Seal: säl

Tiger: tiger

Tent: tält

Acrobat: akrobat

Clown: clown

Fancy or funny clothes / Tjusiga och roliga kläder p.84

Wedding gown: bröllopsklänning

Princess dress: prinsessklänning

Crocodile costume: krokodildräkt

Dress up: klä ut sig

Hat: hatt

Fashion show: modeuppvisning

Costumes / Utklädningskläder p.86

Skeleton: skelett

Witch: häxa

Ghost: spöke

Fairy: fe

Scary: otäck

Christmas / Jul p.88

Christmas Eve: julafton

Santa Claus: jultomte

Dinner: middag

Stocking: strumpa

Christmas present: julklapp

Open: öppna

Story characters / Sagofigurer p.90

Peter Pan: Peter Pan

Ugly Duckling: Fula ankungen

Snow White: Snövit

Cinderella: Askungen

Little Red Riding Hood: Rödluvan

Goldilocks and the Three Bears: Guldlock och de tre björnarna

Transportation / Transport p.92

Bus: buss

Airplane: flygplan

Car: bil

Train: tåg

Ship: skepp

Bike: cykel

At the hairdresser / Hos frisören p.94

Cut: klippa

Wash: tvätta

Comb: kam

Scissors: sax

Hairstyle: frisyr

Dry: torka

Mirror: spegel

At the doctor / Hos doktorn p.96

Doctor: doktor

Sick: sjuk

Stethoscope: stetoskop

Measure: mäta

Heartbeat: hjärtslag

Flu: influensa

At the park / I parken p.98

Walk: promenera
Rock: gunga
Meet: träffa
Sandcastle: sandslott
Swing: gunga
Slide: ruschkana

At the grocery store / I mataffären p.100

Shop: handla
Choose: välja
Magazine: tidning
Counter: disk
List: lista
Checkout counter: kassa

At the airport / På flygplatsen

. . . . p.102

Fly: flyga

Runway: startbana

Check-in: checka in

Luggage: bagage

Seat belt: säkerhetsbälte

Take off: lyfta

To be polite / Att vara artig

. . . . p.104

Hi: hej

My name is: jag heter

Please: snälla

Friend: vän

Thank you: tack

Alphabetical dictionary

A
Accordion: dragspel
Acrobat: akrobat
Air out: vädra ut
Airplane: flygplan
Airport: flygplats
Alarm clock: väckarklockan
Amusement park: tivoli
Animal: djur
Ant: myra
Apple: äpple
Aunt: moster/faster

B
Baby: bebis
Badger: grävling
Badminton: badminton
Bag: väska
Bake: baka
Ballet: balett
Balloon: balong
Bank: bank
Baseball: baseboll
Basket: korg
Bath: bad
Batter: smet
Beach: strand
Bear: björn
Bed: säng
Bedtime: läggdags
Berry: bär
Bike: cykel
Bird: fågel
Bird feeder: fågelholk
Bird nest: fågelbo
Birthday: födelsedag
Blackboard: svarta tavlan
Blanket: filt
Body: kropp
Body part: kroppsdel
Bottle: flaska
Bouquet: bukett
Bread: bröd
Breakfast: frukost
Broom: sopborste
Brush: borsta
Bus: buss
Butter: smör
Butterfly: fjäril

C
Cake: tårta
Candle: ljus
Candy: godis
Car: bil
Card: kort
Carousel: karusell
Carrot: morot
Cereal: flingor
Checkerboard: schackbräde
Check-in: checka in
Checkout counter: kassa
Choose: välja
Christmas: jul
Cinderella: Askungen
Circus: cirkus
Clean: städa
Clothes: kläder
Clown: clown
Collect: samla
Cologne: parfym
Colored pencils: färgpennor
Comb: kamma
Concert: konsert
Cookbook: kokbok
Cooler: kylväska
Costume: utklädningskläder
Cotton candy: sockervadd
Counter: disk
Cousin: kusin
Cow: ko
Cradle: vagga
Crocodile costume: krokodildräkt
Cut: klippa

D
Dance: dansa
Dance recital: dansuppvisning
Dance move: danssteg
Deer: rådjur
Desk: skrivbord
Dessert: efterrätt
Dinner: middag
Disappointed: besviken

Dive: dyka
Doctor: doktor
Dragonfly: trollslända
Draw: rita
Dress up: klä ut sig
Dry: torka
Duck: anka
Duckling: ankunge
Dust: damma

E
Eat: äta
Elephant: elefant
Examine: undersöka
Eye: öga

F
Fairy: fe
Fall: höst
Family: familj
Fancy: tjusig
Farm: gård
Fashion show: modeuppvisning
Fast: snabb
Feeling: känsla
Ferris wheel: pariserhjul
Fire truck: brandbil
Fish: fisk
Fish tank: akvarium
Fishing rod: metspö
Five: fem
Flight attendant: flygvärdinna
Flower: blomma
Flu: influensa
Flume: flumeride
Flute: flöjt
Fly: flyga
Food: mat
Foot: fot
Forest: skog
Fork: gaffel
Fox: räv
Friend: vän
Fruit: frukt
Funny: rolig

G
Game: lek

Garage: garage
Garden: trädgårdsland
Get dressed: klä på sig
Ghost: spöke
Glass: glas
Glove: vante
Glue: limma
Goat: get
Goldilocks: Guldlock
Golf: golf
Good night: godnatt
Goose: gås
Gorilla: gorilla
Grandma: mormor/farmor
Grandpa: morfar/farfar
Grape: vindruva
Grasshopper: gräshoppa
Grocery store: mataffär
Grow: växa
Guest: gäst
Guitar: gitarr

H
Hair: hår
Hairdresser: hårfrisörska/frisör
Hairstyle: frisyr
Hamster: hamster
Hand: hand
Happy: glad
Hat: mössa
Health: hälsa
Heartbeat: hjärtslag
Hen: höna
Hi: hej
Hibernate: övervintra
Home: hem
Hospital: sjukhus
House: hus
Hug: kram
Hungry: hungrig
Hygiene: hygien

I - J
Ice cream cone: glasstrut
Ice-skates: skridskor
In love: kär
Inflatable castle: hopptorn
Ingredient: ingrediens

Insect: insekt
Instrument: instrument
Iris: iris
Jam: sylt
Jealous: avundsjuk
Job: arbete
Juice: juice

K
Keyring: nyckelring
Kiss: puss
Knife: kniv

L
Lamb: lamm
Leek: purjolök
Letter carrier: brevbärare
Lion: lejon
List: lista
Listen: lyssna
Little Red Riding Hood: Rödluvan
Little sister: lillasyster
Living room: vardagsrum
Lollipop: klubba
Luggage: bagage

M
Mad: arg
Magazine: tidning
Map: karta
Marble: kula
Market: marknad
Mascot: maskott
Masterpiece: mästerverk
Math: matematik
Measure: mäta
Meet: träffa
Microphone: mikrofon
Milk: mjölk
Mirror: spegel
Moon: måne
Morning: morgon
Muffin: muffins
Music: musik
My name is: jag heter

N - O
Nail: nagel
Newborn: nyfödd
Open: öppna
Orange: apelsin

Oven: ugn
Owl: uggla

P
Paddle ball: strandtennis
Paint: måla
Parents: föräldrar
Park: park
Parrot: papegoja
Party: kalas
Pelican: pelikan
Pet: husdjur
Pencil: penna
Pet shop: djuraffär
Peter Pan: Peter Pan
Piano: piano
Picnic: picknick
Pie: paj
Pig: gris
Pike: gädda
Plate: tallrik
Play: spela
Please: snälla
Polite: artig
Popcorn: popcorn
Popsicle: isglass
Potato: potatis
Present: present
Princess dress: prinsessklänning
Pumpkin: pumpa
Put on: ta på

R
Rabbit: kanin
Rainboots: regnstövlar
Raincoat: regnjacka
Ready: färdig
Recess: rast
Recipe: recept
Reflex: reflex
Remote control car: radiostyrd bil
Rock: gunga
Roller coaster: berg-och-dalbana
Rope: rep
Runway: startbana

S
Sad: ledsen
Sandcastle: sandslott
Santa Claus: jultomte
Saturn: Saturnus
Sax: saxofon
School: skola
Scissors: sax
Sea: hav
Seagull: mås
Seal: säl
Season: årstid
Seat belt: säkerhetsbälte
See: se
Senses: sinnen
Shark: haj
Shell: snäcka
Ship: skepp
Shirt: skjorta
Shoe: sko
Shop: handla
Sick: sjuk
Silverware: bestick
Sing: sjunga
Skeleton: skelett
Sky: himmel
Slide: ruschkana
Smell: lukta
Snow White: Snövit
Soccer: fotboll
Spoon: sked
Sport: sport
Spring: vår
Squirrel: ekorre
Star: stjärna
Stethoscope: stetoskop
Stocking: strumpa
Store: affär
Storm: oväder
Story: saga
Story character: sagofigur
Strawberry: jordgubbe
Stuffed animal: gosedjur
Subject: ämne
Summer: sommar
Sun: sol
Sunblock: solkräm
Sunflower: solros
Sunset: solnedgång

Sweatshirt: collegetröja
Swing: gunga

T
Table: bord
Tablecloth: duk
Take off: lyfta
Taste: smaka
Teacher: lärare
Telescope: teleskop
Tennis: tennis
Tent: tält
Thank you: tack
Ticket: biljett
Tiger: tiger
Tired: trött
Tomato: tomat
Touch: känna
Towel: handduk
Toy: leksak
Train: tåg
Transportation: transport
Treat: godsak
Tropical fish: tropisk fisk
Tulip: tulpan
Turtle: sköldpadda

U - V
Ugly Duckling: Den fula ankungen
Vacuum: dammsuga
Vase: vas
Vegetable: grönsak
Vet: veterinär
Videogames: videospel
Volleyball: volleyboll

W
Wait: vänta
Walk: promenera
Waltz: vals
Wash: tvätta
Water: vatten
Wedding gown: bröllopsklänning
Wildflower: vildblomma
Winter: vinter
Witch: häxa
Wolf: varg

Y - Z
Year: år
Zoo: djurpark

Alfabetisk ordlista

A
Affär: store
Akrobat: acrobat
Akvarium: fish tank
Anka: duck
Ankunge: duckling
Apelsin: orange
Arbete: job
Arg: mad
Artig: polite
Askungen: Cinderella
Avundsjuk: jealous

B
Bad: bath
Badminton: badminton
Bagage: luggage
Baka: bake
Balett: ballet
Balong: balloon
Bank: bank
Baseboll: baseball
Bebis: baby
Berg-och-dalbana:
   roller coaster
Bestick: silverware
Besviken: disappointed
Bil: car
Biljett: ticket
Blomma: flower
Bondgård: farm
Bord: table
Borsta: brush
Brandbil: fire truck
Brevbärare: letter carrier
Bröd: bread
Bröllopsklänning:
   wedding gown
Bukett: bouquet
Buss: bus
Bär: berry

C
Checka in: check-in
Cirkus: circus
Clown: clown
Collegetröja: sweatshirt
Cykel: bike

D - E
Damma: dust
Dammsuga: vacuum
Dansa: dance
Danssteg: dance move
Dansuppvisning:
   dance recital
Den fula ankungen:
   The Ugly Duckling
Disk: counter
Djur: animal
Djuraffär: pet shop
Djurpark: zoo
Doktor: doctor
Dragspel: accordion
Duk: tablecloth
Dyka: dive
Efterrätt: dessert
Ekorre: squirrel
Elefant: elephant

F
Familj: family
Fe: fairy
Fem: five
Filt: blanket
Fisk: fish
Fjäril: butterfly
Flaska: bottle
Flingor: cereal
Flöjt: flute
Flumeride: flume
Flyga: fly
Flygplan: airplane
Flygplats: airport
Flygvärdinna:
   flight attendant
Filt: blanket
Fot: foot
Fotboll: soccer
Frisyr: hairstyle
Frisör: hairdresser
Frukost: breakfast
Frukt: fruit
Fågel: bird
Fågelbo: bird nest
Fågelholk: bird feeder
Färdig: ready
Färgpennor:
   colored pencils

Födelsedag: birthday
Fönster: window
Föräldrar: parents

G
Gaffel: fork
Garage: garage
Get: goat
Gitarr: guitar
Glad: happy
Glas: glass
Glasstrut:
   ice cream cone
Godis: candy
Godnatt: good night
Godsak: treat
Golf: golf
Gorilla: gorilla
Gosedjur: stuffed animal
Gris: pig
Gräshoppa: grasshopper
Grävling: badger
Grönsak: vegetable
Guldfisk: goldfish
Guldlock: Goldilocks
Gunga: to rock, a swing
Gås: goose
Gädda: pike
Gäst: guest

H
Haj: shark
Hamster: hamster
Hand: hand
Handduk: towel
Handla: shop
Hatt: hat
Hav: sea
Hej: hi
Hem: home
Himmel: sky
Hjärtslag: heartbeat
Hopptorn:
   inflatable castle
Hungrig: hungry
Hus: house
Husdjur: pet
Hygien: hygiene
Hår: hair
Hälsa: health

Häxa: witch
Höna: hen
Höst: fall

I - J
Influensa: flu
Ingrediens: ingredient
Insekt: insect
Instrument: instrument
Iris: iris
Isglass: popsicle
Jag heter: my name is
Jordgubbe: strawberry
Juice: juice
Jul: Christmas
Julklapp:
   Christmas present
Jultomte: Santa Claus

K
Kalas: party
Kam: a comb
Kamma: to comb
Kanin: rabbit
Karta: map
Karusell: carousel
Kassa: checkout counter
Klippa: cut
Klubba: lollipop
Klä på sig: get dressed
Klä ut sig: dress up
Kläder: clothes
Kniv: knife
Ko: cow
Kokbok: cookbook
Konsert: consert
Korg: basket
Kort: card
Kram: hug
Krokodildräkt:
   crocodile costume
Kropp: body
Kroppsdel: bodypart
Kula: marble
Kusin: cousin
Kylväska: cooler
Känna: touch
Känsla: feeling
Kär: in love

L
Lamm: lamb
Ledsen: sad
Lejon: lion
Lek: game
Leksak: toy
Lillasyster: little sister
Limma: glue
Lista: list
Ljus: candle
Lukta: smell
Lyfta: take off
Lyssna: listen
Läggdags: bedtime
Lärare: teacher

M
Marknad: market
Maskott: mascot
Mat: food
Mataffär: grocery store
Matematik: math
Metspö: fishing rod
Middag: dinner
Mikrofon: microphone
Mjölk: milk
Modeuppvisning:
  fashion show
Morfar/farfar: grandpa
Morgon: morning
Mormor/farmor: grandma
Morot: carrot
Moster/faster: aunt
Muffins: muffin
Musik: music
Myra: ant
Måla: paint
Måne: moon
Mås: seagull
Mästerverk: masterpiece
Mäta: measure
Mössa: hat

N - O
Nagel: nail
Nyckelring: keyring
Nyfödd: newborn
Otäck: scary
Oväder: storm

P
Paj: pie
Papegoja: parrot
Parfym: cologne
Pariserhjul: Ferris wheel
Park: park
Pelikan: pelican
Pensel: paintbrush
Piano: piano
Picknick: picnic
Popcorn: popcorn
Potatis: potato
Present: present
Prinsessklänning:
  princess dress
Promenera: walk
Pumpa: pumpkin
Purjolök: leek
Puss: kiss

R
Radiostyrd bil:
  remote control car
Rast: recess
Recept: recipe
Reflex: reflex
Regnjacka: raincoat
Regnstövlar: rainboots
Rep: rope
Rita: draw
Rolig: funny
Ruschkana: slide
Rådjur: deer
Räv: fox
Rödluvan:
  Little Red Riding Hood

S
Saga: story
Sagofigur:
  story character
Samla: collect
Sandslott: sandcastle
Saturnus: Saturn
Sax: scissors
Saxofon: sax/saxophone
Schackbräde:
  checkerboard
Se: see
Sinnen: senses
Sjuk: sick
Sjukhus: hospital
Sjunga: sing
Sked: spoon
Skelett: skeleton
Skepp: ship
Skjorta: shirt
Sko: shoe
Skog: forest
Skola: school
Sköldpadda: turtle
Skridskor: ice-skates
Skrivbord: desk
Smaka: taste
Smet: batter
Smör: butter
Snabb: fast
Snäcka: shell
Snälla: please
Snövit: Snow White
Sockervadd:
  cotton candy
Sol: sun
Solkräm: sunblock
Solnedgång: sunset
Solros: sunflower
Sommar: summer
Sopborste: broom
Spegel: mirror
Spela: play
Sport: sport
Spöke: ghost
Startbana: runway
Stetoskop: stethoscope
Stjärna: star
Strand: beach
Strandtennis:
  paddle ball
Strumpa: stocking
Städa: clean
Svarta tavla: blackboard
Skepp: ship
Sylt: jam
Säkerhetsbälte:
  seat belt
Säng: bed

T
Ta på: put on
Tack: thank you
Tallrik: plate
Teleskop: telescope
Tennis: tennis
Tidning: magazine
Tiger: tiger
Tivoli: amusement park
Tjusig: fancy
Tomat: tomato
Torka: dry
Transport: transportation
Trollslända: dragonfly
Tropisk fisk: tropical fish
Trädgårdsland: garden
Träffa: meet
Trött: tired
Tulpan: tulip
Tvätta: wash
Tåg: train
Tårta: cake
Tält: tent

U - V
Uggla: owl
Ugn: oven
Undersöka: examine
Utklädningskläder:
  costumes
Vagga: cradle
Vals: waltz
Vante: glove
Vardagsrum: living room
Varg: wolf
Vas: vase
Vatten: water
Veterinär: veterinarian
Videospel: video games
Vildblomma: wildflower
Vindruva: grape
Vinter: winter
Volleyboll: volleyball
Vår: spring
Väckarklocka:
  alarm clock
Vädra ut: air out
Välja: choose
Vän: friend
Vänta: wait
Växa: grow

Å - Ä
År: year
Årstid: season
Ämne: subject
Äpple: apple
Äta: eat

Ö
Öga: eye
Öppna: open
Övervintra: hibernate

**My First English/Swedish
Dictionary of Sentences**

Author: Armelle Modéré
Adapted and Translated by Linda Hokenson
Illustrations: Armelle Modéré

First edition published in 2008 by Skandisk, Inc.
© 2007 by Gemser Publications, S.L.
El Castell, 38; 08329 Teià (Barcelona, Spain)

All inquiries should be addressed to:
Skandisk, Inc.
6667 West Old Shakopee Road, Suite 109
Bloomington, MN 55438-2622
www.skandisk.com
e-mail: tomten@skandisk.com

ISBN-13: 978-1-57534-049-4
ISBN-10: 1-57534-049-6
Library of Congress Control Number 2008927857

Printed in China